Inhalt

Kaizen, Six Sigma & Co. - Wie gut sind die Optimierungslehren wirklich?

Kernthesen

Beitrag

Fallbeispiele

Weiterführende Literatur

Impressum

Kaizen, Six Sigma & Co. - Wie gut sind die Optimierungslehren wirklich?

Harald Reil

Kernthesen

- Nur ein Prozent der Unternehmen arbeitet mit Kaizen-Methoden. Für eine Verbesserungsstrategie, die schon 50 Jahre alt ist, ist das kein Ruhmesblatt.
- Kritiker werfen gängigen Optimierungsmethoden vor, dass sie fehlerhafte Prozesse nicht in Frage stellen und sie daher verschlimmbessern, anstatt sie einfach über Bord zu werfen.

- Eine Pauschalverurteilung von Kaizen, Six Sigma & Co. ist aber genauso unsinnig wie eine Pauschalverherrlichung.
- Ein klarer, von Ideologien unverstellter Blick genügt oft schon, um Probleme zu erkennen, zu analysieren und zu lösen.
- Vor dem Hintergrund, dass jede Organisation individuelle Charakteristika aufweist, ist nur selten eines der Qualitätsmanagementmodelle als alleiniges Kriterium geeignet, Komplexität und Dynamik als die strategischen Herausforderungen der Zukunft zu meistern.

Beitrag

Nicht gerade rühmlich

Rund 50 Jahre ist es her, als der japanische Autobauer Toyota zum ersten Mal mit Kaizen-Ideen gearbeitet hat. In Deutschland hat das Kaizen Institute mit Sitz in Bad Homburg in diesem Jahr sein 20-jähriges Jubiläum groß gefeiert. Nicht nur der Bürgermeister der Stadt, ein ehemaliger Unternehmensberater, hat das Institut, das Unternehmen und Regierungen auf allen Kontinenten berät, an seinem Ehrentag besucht und seine Glückwünsche übermittelt. Einige fragen sich allerdings, ob die Aufregung tatsächlich gerechtfertigt war. Denn Strategien wie Kaizen, Speedy Gaizen, Gemba Kaizen, TQM oder das in den USA entwickelte, auf statistischen Erhebungen beruhende System Six Sigma, die allesamt zur kontinuierlichen Verbesserung von Prozessen beitragen sollen, werden von Unternehmenslenkern zunehmend kritisch beäugt. Mittlerweile scheint sich vor allem unter jenen, die schon mit diesen Methoden gearbeitet haben, die Erkenntnis durchzusetzen, dass sie vielleicht mehr versprechen, als sie halten können. Andere haben es wohl schon immer gewusst. Was zum Beispiel Kaizen betrifft, bekennt sich nur rund ein Prozent der Unternehmen zu dieser Strategie. Für eine Philosophie, die schon ein halbes Jahrhundert auf dem Buckel hat, ist das nicht gerade rühmlich. (1)

Gefahr der Verschlimmbesserung

Um bei Kaizen zu bleiben: Es gibt Kritiker, die behaupten, dass diese Methode, die zu Deutsch nichts anderes als kontinuierliche Verbesserung bedeutet, konsequent angewendet, sogar das Gegenteil bewirken kann. Oder anders formuliert: Manchmal sehen Kaizen-Adepten in ihrem Optimierungswahn einfach nicht, dass ein bestimmter Prozess an der Wurzel faul ist und daher mit Stumpf und Stiel ausgemerzt werden müsste. Statt also eine grundlegend neue Strategie zu entwerfen, um das Problem zu lösen, verschlimmbessern es Kaizen-Anhänger in diesen Fällen nur. Das bindet nicht nur Ressourcen und kostet Zeit und Geld, sondern es kann schlimmstenfalls das Unternehmens sogar in die Bredouille bringen. Radikale Verneiner der gängigen Optimierungsmethoden argumentieren außerdem, dass es unmöglich sei, mit einer Einheitsstrategie die Komplexität und Dynamik von Abläufen und Prozessen in einem Unternehmen zu erfassen, geschweige denn sie zu optimieren. Bildlich gesprochen, lässt sich dieser Einwand auch folgendermaßen formulieren: Ein Bauer, der eine Spatzenplage lösen will, indem er mit einer Schrotflinte in einen Schwarm feuert, verbessert vielleicht die momentane Lage, dafür richtet er aber möglicherweise an anderer Stelle großen Schaden an. (2), (3)

Die Wahrheit der Mitte

Ist diese harte Kritik an den Optimierungsmethoden gerechtfertigt? Wie so oft, scheint die Wahrheit in der Mitte zu liegen. Mit Kaizen ist der japanische Automobilhersteller Toyota immerhin zum Effizienzweltmeister aufgestiegen und hat anderen

Konzernen rund um den Globus das Fürchten gelehrt. Wahr ist aber auch, dass glühende Verfechter von Kaizen, Sigma Six & Co. allzu leicht in den Fehler aller Fundamentalisten verfallen: Sie verrennen sich in ihrer Ideologie und sehen vor lauter Grundsatzfragen oft den Wald vor lauter Bäumen nicht mehr.

Wären die Optimierungsmethoden aus Fernost tatsächlich die alleinseligmachenden Strategien, Unternehmen zum Erfolg zu führen, würden alle damit arbeiten, und Japan als Erfindernation wäre aller Probleme ledig. Um sich davon zu überzeugen, dass dem nicht so ist, genügt ein kurzer Blick in die Geschichte des Landes. Zwar hat sich Japan nach dem zweiten Weltkrieg zu einer der großen Industrienationen der Welt aufgeschwungen, fast die gesamten 90er Jahre des letzten Jahrhunderts hindurch trat die Wirtschaft des Landes aber auf der Stelle. 2009 plagte sich Japan mit dem stärksten Rückgang der Wirtschaftsleistung aller G7-Nationen. Auch aktuell kämpft Nippon wieder mit einer Rezession, die die japanische Regierung eindämmen möchte, indem sie sie mit einem milliardenschweren Konjunkturpaket bekämpft.

Für Six Sigma gilt Ähnliches. Jack Welch machte mit dieser Strategie zwar bekanntermaßen Furore, als er seinen Konzern General Electric zu einem der bedeutendsten Unternehmen der Welt ausbaute. Es gibt aber sicherlich auch Firmen, die sich trotz Six Sigma nicht von der Stelle bewegen oder die sogar schon wieder von der Bildfläche verschwunden sind. (2), (3), (4), (5)

Trends

Wider den Fundamentalismus

In einer Zeit, die deutlich vor Augen führt, dass Ideologien, wenn man sie blind verfolgt, in die Katastrophe führen können, sind alle Fundamentalismen suspekt. Dieser Satz gilt für die Politik, die Religion und die Wirtschaft. Es gibt eine ganze Reihe von Beispielen, die belegen, dass Strategien wie Kaizen, Six Sigma und Co. keineswegs zu mehr Produktivität und Wirtschaftlichkeit von bestimmten Unternehmen beigetragen haben. Im Gegenteil: Sie haben Prozesse zementiert, von denen man sich besser früher als später verabschiedet hätte. Von der Vielzahl der Qualitätsmanagementmodelle ist vor dem Hintergrund, dass jede Organisation individuelle Charakteristika aufweist, nur selten eines als alleiniges Kriterium geeignet, Komplexität und Dynamik als die strategischen Herausforderungen der Zukunft zu meistern. Firmen, die ihre Performance wirklich verbessern wollen, würden daher gut daran tun, einen eklektischen Strategieansatz zu wählen, der von gesundem Menschenverstand, klarem Augenmaß und viel Fingerspitzengefühl geprägt ist. Wer sich Problemen ohne ideologische Brille stellt, sieht deutlicher und kann daher auf Probleme auch schneller reagieren. [(2)], [(3)]

Fallbeispiele

Schunk-Gruppe: Ein Kaizen-Verfechter kam, sah - und wurde gefeuert

Die Schunk-Gruppe, ein international tätiger Technologiekonzern, hat mit Kaizen denkbar schlechte Erfahrungen gemacht. Das Unternehmen holte sich einen Kaizen-Verfechter ins Haus, der auch sogleich munter drauflos optimierte, eine Menge Geld in den Sand setzte und keine Prozessverbesserungen erreichte. Um nur ein Beispiel zu nennen: Der neue Mann regte an, die Wände in der Fertigung weiß zu streichen, was das Unternehmen auch prompt umsetzte - seltsamerweise, muss man sagen, da ein Konzern, der Grafit verarbeitet, hätte wissen müssen, dass der Schmutz buchstäblich an den Wänden kleben bleibt. Die logische Folge: Die Reinigungskosten schossen in die Höhe. Nach einem Jahr hatte die Unternehmensleitung genug und bereitete dem Spuk ein Ende. Sie feuerte den Optimierer und hat von Kaizen vorerst genug. (2)

SBB Industriewerk Olpen: Mehr Effizienz mit Kaizen

Das SBB Industriewerk Olpen, das Kompetenzzentrum für Reparaturen an Reisezügen der Schweizer Bundesbahnen, hat erfolgreich auf Kaizen umgestellt. Der Auslöser war ein gescheiterter Großauftrag. Unter der Vielzahl der Maßnahmen, die die Verantwortlichen eingeführt haben, stechen Folgende hervor: kontinuierliche Problem- und Prozessanalysen, Standardisierungen, klare Arbeitsregelungen, eine konsequente Eindämmung von Material- und Zeitverlusten, die Etablierung einer Stabsstelle Kaizen, die unmittelbar an den Unternehmenschef berichtet, die Einrichtung von Kommunikationsräumen, eine Neuanordnung von Maschinen und Werkzeugen, die zu mehr Arbeitseffizienz beigetragen hat, sowie eine ganze Reihe von Workshops, die von einen externen Fachkraft, vorzugsweise von einem kaizenerfahrenen Japaner, geleitet werden. (6)

Miba-Konzern: "Kaizen-Meister" nach Hause geschickt

Bevor die Miba Gleitlager GmbH einen neuen Weg einschlug, hat sie eine Reihe von "Kaizen-Meistern" verschlissen. Aufgrund dauernder Erfolglosigkeit der japanischen Optimierungsstrategie schickte der österreichische Konzern aber endlich auch den letzten Kaizen-Vertreter nach Hause, stellte die endlosen Schulungen, die die Mitarbeiter vergeblich zu immer mehr Effizienz anstacheln wollten, ein und baute stattdessen seine Organisationsstruktur auf einem neuen Fundament auf. Kleine, schlagkräftige Einheiten setzen sich nun ganz von allein für effizientere Prozesse ein. (2)

Schwäbischer Kaizen-Ableger: fischer Prozess System

Die fischerwerke GmbH & Co. KG, ein mittelständisches Unternehmen, das in dem schwäbischen Dorf Waldachtal seinen Hauptsitz hat, schwört auf Kaizen. Der Geschäftsführer, der schon in den 70er Jahren des vorigen Jahrhunderts eigens nach Japan reiste, um sich Kaizen- und Kanban-Praktiken (Just-in-Time-Produktion) vor Ort anzuschauen, hat die japanische Verbesserungsphilosophie aber seinen Bedürfnissen angepasst. Die neue, an Kaizen angelehnte Methode, trägt nun den Namen "fischer Prozess System (fPS)" und scheint so erfolgreich zu sein, dass sie der Chef über seine Beratungsfirma "Fischer Consulting" auch an andere Unternehmen verkaufen kann. Die fischerwerke selbst scheinen ebenfalls bestens mit dem Kaizen-Ableger zu fahren. Das Unternehmen, das sich unter anderem auch als Automobilzulieferer betätigt, zählt die Crème de la Crème der deutschen Automobilkonzerne zu seinen Kunden. (7)

Weiterführende Literatur

(1) Lean Management 20 Jahre Kaizen in Deutschland
aus www.maschinenmarkt.de vom 04.10.2012

(2) Außer Spesen nix gewesen
aus "Industriemagazin" Nr. 11/2012 vom
31.10.2012Seite: 62,63,64,65,66,67

(3) Six Sigma: Pro und Contra
aus "Industriemagazin" Nr. 12-01/2012-13 vom
28.11.2012 Seite: 56,57

(4) Länderinfos. Japan. Wirtschaft
aus "Industriemagazin" Nr. 12-01/2012-13 vom
28.11.2012 Seite: 56,57

(5) Japan setzt Milliarden gegen die Rezession
aus DIE WELT, 01.12.2012, Nr. 282, S. 9

(6) Die Kraft der Gruppendynamik nutzen
aus IO Management Nr. 6 vom 08.11.2012, Seiten 40 - 43

(7) Vorbild Deutschland Ein Amerikaner auf Entdeckungsreise
aus Handelsblatt Nr. 144 vom 27.07.2012 Seite 050

Impressum

Kaizen, Six Sigma & Co. - Wie gut sind die Optimierungslehren wirklich?

Bibliografische Information der deutschen Nationalbibliothek

Die Deutsche Nationalbibliothek verzeichnet diese Publikation in der deutschen Nationalbibliografie; detaillierte bibliografische Daten sind im Internet über http://dnb.d-nb.de abrufbar.

ISBN: 978-3-7379-1294-5

© 2015 GBI-Genios Deutsche Wirtschaftsdatenbank GmbH, Freischützstraße 96, 81927 München, www.genios.de

Alle Rechte vorbehalten. Dieses Werk ist einschließlich aller seiner Teile – z.B. Texte, Tabellen und Grafiken - urheberrechtlich geschützt. Jede Verwertung außerhalb der Grenzen des Urheberrechtsgesetzes bedarf der vorherigen Zustimmung des Verlags. Dies gilt insbesondere auch für auszugsweise Nachdrucke, fotomechanische

Vervielfältigungen (Fotokopie/Mikroskopie), Übersetzungen, Auswertungen durch Datenbanken oder ähnliche Einrichtungen und die Einspeicherung und Verarbeitung in elektronischen Systemen.